AF247943

LE CRI DES COLONS.

LE CRI DES COLONS,

PROPRIÉTAIRES A SAINT-DOMINGUE,

EXPROPRIÉS ET RÉFUGIÉS EN FRANCE,

OU

APPEL A LA NATION.

PARIS,

CHEZ GOUJON, LIBRAIRE, RUE DU BAC, N° 35;

ET CHEZ TOUS LES MARCHANDS DE NOUVEAUTÉS.

Mars 1822.

LE CRI DES COLONS,

PROPRIÉTAIRES A SAINT-DOMINGUE,

EXPROPRIÉS ET RÉFUGIÉS EN FRANCE,

ou

APPEL A LA NATION.

ON a étrangement trompé la Chambre des Députés sur le véritable état de Saint-Domingue. Si les colons pouvaient être admis à la barre des deux Chambres :

On vous a parlé, diraient-ils, en faveur des tyrans de St.-Domingue, en intéressant votre amour pour l'humanité, pour la vraie liberté, pour la prospérité du commerce; eh bien! c'est au nom de l'humanité, au nom du commerce, au nom de la population noire de Saint-Domingue que les colons blancs osent de nouveau réclamer votre intérêt : ils vous prouveront par des faits que Saint-

Domingue est dans un état d'anarchie complète, et qu'il n'est rien de plus facile que d'y rétablir l'autorité du Roi et de la France.

On vous a vanté la propriété de Saint-Domingue; des renseignemens récens, dont on défie de démentir l'exactitude, nous apprennent, au contraire, que toutes les plaines de Saint-Domingue sont en friche, que l'on n'y fait plus de sucre, que l'on n'y plante pas un seul pied de café, que le peu que l'on en recueille provient des anciennes plantations faites par les blancs, qui, bientôt épuisées, ne donneront plus de fruits, enfin qu'il n'y a plus de culture d'aucune espèce; et cela ne peut être autrement dans un pays toujours en révolution, où le gouvernement, en proie aux factions, est détesté et méprisé par la majeure partie de la population.

On a dit que notre commerce payait à Saint-Domingue 60 pour 100 de droits; il n'y a rien de plus faux : cette loi faite seulement pour les journaux de France, est éludée publiquement, parce que les navires français n'abordent à Saint-Domingue que sous pavillon étranger, et ne paient pas plus que les autres. On a dit que ce commerce enrichirait les étrangers, il n'y a rien de plus faux; car les Anglais qui s'entendent en spéculations commerciales, n'envoient plus aucun vaisseau à Saint-Domingue; les négocians français qui arment pour Saint-Domingue retirent à peine leurs frais, et si les mulâtres restent les maîtres, qu'ils soient reconnus par la France ou qu'ils ne le soient pas, d'ici à quelques années on n'y verra pas arriver un seul vaisseau de l'Europe, parce que la population et la culture diminuent chaque jour, et qu'avant peu il n'y aura plus d'objets d'échanges.

On peut donc affirmer que la France ne gagnerait absolument rien à reconnaître la souveraineté d'Haïti, et que c'est en pure perte que nous aurions la honte d'avoir sanctionné la révolte et le brigandage des mulâtres.

C'est un proverbe dans toutes les Antilles, que les mulâtres ont tous les défauts, tous les vices des deux couleurs, sans avoir aucune de leurs qualités : ils le prouvent tous les jours.

En effet, la vraie liberté est fondée sur la morale; si les mulâtres avaient eu la moindre notion de morale et de justice, ils auraient dit aux colons blancs..... « Saint-Domingue » doit être indépendant, mais c'est vous qui

» avez fondé, qui avez défriché la colonie,
» revenez sur vos terres, et travaillons en-
» semble à établir la liberté....... » Mais ils
s'en sont bien gardé, parce qu'ils savent que
les blancs, même sans un seul soldat, re-
prendraient bientôt leur influence sur les
noirs, qu'ils gouverneraient la colonie, et
que les mulâtres ne seraient rien. Cette
crainte indicible de voir les blancs toucher
le sol de Saint-Domingue suffirait seule pour
prouver l'injustice et l'absurdité de leurs
prétentions.

On a voulu assimiler la république des
mulâtres aux États-Unis, aux nouvelles ré-
publiques de l'Amérique espagnole ; mais
quelle différence!..... En Amérique, on a
voulu s'affranchir du joug de la métropole;
mais les propriétaires n'y ont point été
dépouillés, on y a respecté la propriété,
l'humanité, la morale, la religion; à Saint-
Domingue, au contraire, tout ce que les
hommes respectent a été foulé aux pieds ; la
justice, en dépouillant les propriétaires ;
l'humanité, en écrasant sous un joug de fer
quatre cent mille noirs, qui réclament la
protection des blancs de toutes les forces de
leurs cœurs ; la religion, en accablant ses
ministres d'humiliations et d'outrages.

Pour faire croire en France à leur moralité, les mulâtres avaient demandé un évêque
pour Saint-Domingue; le Saint-Siége y a envoyé un prélat respectable, mais tout ministre d'un culte quelconque, mahométan
ou chrétien, recommande toujours la morale, de rendre à chacun ce qui lui appar-
tient, et il n'y a sortes d'insultes, de vexations que ce prélat n'ait éprouvées. Il a été
obligé d'abandonner ce repaire de brigands.

Gardons-nous donc, de comparer l'A-
mérique espagnole à Saint-Domingue;
là, on est religieux; là, c'est la majorité
qui ne veut plus être soumise à l'Espagne.
Ici, au contraire, les gouverneurs affectent
le mépris de toute moralité et presque toute
la population désire la présence des blancs
pour les débarrasser de l'aristocratie de leurs
tyrans; ainsi c'est pour les noirs, encore plus
que pour les blancs, que nous devons com-
primer la caste odieuse des mulâtres; cette
caste dont la domination n'est fondée que
sur le crime et sur la spoliation des propriétés, c'est-à-dire sur le brigandage le plus
révoltant, et elle ose faire trophée de ses ra-
pines! elle ose nous demander de la reconnaître!........ Vit-on jamais Cartouche et

Mandrin demander au gouvernement de reconnaître leurs associations? Eh bien ! il faut
dire la vérité, sanctionner le brigandage des
mulâtres, ou donner une patente à Mandrin
pour exploiter sur les grands chemins, il n'y
aurait pas de différence.

On a dit que les mulâtres indemniseraient
les colons; qu'ils accorderaient des avantages
au commerce français; qu'ils reconnaîtraient
la suzeraineté de la France.... Le trésor de
Christophe a été pillé, les mulâtres n'ont
pas un sol et ne peuvent donner d'indem-
nité; leur vassalité serait aussi dérisoire qu'in-
sultante; leur commerce n'est rien, quel serait donc l'objet d'une négociation?.... Mais
sait-on pourquoi les mulâtres veulent négo-
cier, c'est parce qu'ils craignent d'être égor-
gés par les noirs, parce qu'ils espèrent que
l'alliance de la France augmenterait leurs
forces et qu'ils auraient plus de facilité pour
tyranniser les noirs; et l'on voudrait que le
gouvernement français devînt le complice de
ces misérables !....

Toutefois, comme il n'est pas douteux
que, si l'on envoyait la moindre force à
Saint-Domingue, la plupart des chefs mulâtres ne voulussent faire leur paix, on pourrait traiter avec des particuliers à l'ombre

du drapeau blanc; mais encore une fois, toute négociation avec le prétendu gouvernement des mulâtres n'a point d'objet, et n'est qu'un piége tendu à la bonne foi des blancs.

Cependant, depuis sept ans, les agens du pouvoir ne cessent de dire aux colons : « Ne parlez pas, nous négocions... » — Vous négociez.... avec des brigands sans pudeur, qui se vantent de leurs forfaits, qui ne cherchent qu'à vous tromper, qui n'ont pas un sol de crédit en Europe!... Ne parlez pas, dites-vous; nous parlerons sur les toits, pour vous éviter d'horribles remords, pour conserver votre honneur, et l'honneur du nom français, qui serait souillé par cette infâme négociation, dont l'idée seule est révoltante.

Si l'on demande pourquoi la restauration de Saint-Domingue étant si facile le gouvernement ne s'en est pas occupé, pourquoi il existe dans une partie de la société et peut-être dans le ministère une sorte de prévention contre les colons? nous répondrons que cette prévention s'est formée, parce que la plupart des hommes qui entourent le ministre de la marine et des colonies, sont ennemis des colons, et qu'ils ont des raisons pour l'être; parce que les mulâtres ont répandu de l'argent et que leurs amis ont représenté les

colons , qui sont éminemment Français ,
comme des ultra-royalistes, afin d'ameuter
contre eux l'esprit de parti ; parce que les
colons, par respect pour les ministres , n'ont
jamais osé faire entendre leurs réclamations
et confondre leurs adversaires ; parce que le
sucre à la Martinique vaut 15 fr. , et 60 fr. en
France , parce que certains hommes ont
fait en peu de temps des fortunes immenses,
et parce qu'il y a en France une foule d'abus,
aussi honteux que déplorables, que l'on con-
naît et que l'on n'ose faire connaître ; parce
que les amis des mulâtres révoltés ont toujours fermé aux colons l'accès des journaux,
et les voies de la publicité, tandis qu'ils
n'ont cessé d'imprimer une foule de men-
songes et d'absurdités pour vanter la prospérité de Saint-Domingue , la puissance et la
sagesse des gouvernans. Mais nous ne dou-
tons pas que, si les colons eussent eu la liberté de répondre à leurs adversaires, s'ils
avaient pu enfin faire connaître la vérité, les
membres des deux Chambres , quelles que
soient leurs opinions, voulant tous la gloire et
le bonheur de la France , il n'y aurait qu'un
cri dans les Chambres et dans toute la
France pour la restauration de Saint-Domingue.

Sans cesse on essaie de tromper le gouvernement, en comparant la domination des mulâtres à celle de Toussaint. Cependant il est de fait que la population, qui était sous Toussaint de cinq à six cent mille âmes, est diminuée de près de moitié, et n'est aujourd'hui que de trois à quatre cent mille âmes, par suite des massacres et des atrocités des tyrans noirs et mulâtres. Sous Toussaint, il est vrai, prévenus que l'on voulait rétablir l'esclavage, les noirs se sont levés en masse, comme les Français en 1793; mais tels que les Français, qui, lassés de Buonaparte, ont été indifférens à l'invasion de 1814, tels seraient aujourd'hui les noirs, plus tourmentés mille fois de la tyrannie des mulâtres. Que dis-je? les noirs, mal nourris, manquant, faute de commerce, de tous les objets qu'ils désirent, de poissons salés, de tabacs, de toiles, de quincailleries pour les femmes, ne désirent que la présence et la protection des blancs, et si l'on débarquait seulement trois mille hommes à Saint-Domingue, si on promettait aux noirs de les traiter comme leur *papa* Toussaint les traitait, c'est-à-dire, d'abolir l'esclavage et de les faire travailler en leur donnant le quart des revenus, au bout de quelques jours on aurait une armée de noirs ; et, si cette armée avait pour officiers des colons blancs, on n'aurait pas besoin de faire marcher un seul bataillon français.

On a parlé de la liberté d'Haïti, mais le fait est que les mulâtres détestent les noirs, et que leur domination ne saurait se comparer qu'à celle des Mamelucks, si ce n'est que les vexations, les avanies exercées par les Mamelucks sur les Egyptiens, ne sont rien en comparaison des injustices, des atrocités que se permettent les mulâtres : aussi la haine des noirs contre leurs oppresseurs, se manifeste sans cesse par des conspirations, par des incendies ; il y a un an, la moitié de la ville du Port-au-Prince a été brûlée, et on le savait d'avance ; quinze jours après, un autre incendie a éclaté ; au mois d'août dernier, on recevait tous les jours des menaces de mettre le feu à la ville, et chacun s'y attendait ; en un mot, les chefs mulâtres toujours cruels, toujours dans les transes, se défient de leurs propres agens, et ne règnent que par les supplices ; tel est ce gouvernement que l'on vous représente comme si sage, si fort, si aimé de tous ses subordonnés.

On a prouvé aux ministres du Roi, que la population autrefois s'entretenait sans la traite dans les grandes habitations; que désormais les propriétaires ayant le plus grand intérêt à bien traiter leurs ouvriers, on pourrait se passer de la traite, parce qu'il y a à Saint-Domingue plus de femmes que d'hommes, et que la population augmenterait au lieu de diminuer.

On a prouvé que quoique l'on dût donner le quart aux nègres, quoique la population fût plus faible qu'avant l'expulsion des blancs, les progrès dans l'art de cultiver les terres, de les arroser, de les exploiter par l'action des pompes à feu, permettraient de faire autant de revenus avec la moitié des bras qu'on y employait autrefois; que c'est en vain que les mulâtres menacent de tout brûler, parce que les villes ne sont rien à Saint-Domingue, et qu'il suffit pour faire du sucre brut, d'une grange en torchis, couverte en paille, avec un moulin et quelques chaudières que l'on apporte de France; que l'on bâtit ensuite avec les revenus, et qu'avant peu, Saint-Domingue serait aussi florissant qu'autrefois, et les noirs bien plus heureux que sous la verge des mulâtres.

On ne peut faire du sucre au Sénégal faute d'arrosement; on ne peut en faire à Cayenne depuis l'abolition de la traite; Bourbon, la Guadeloupe, la Martinique ne sont que des rochers; Saint-Domingue, au contraire, est le pays le plus favorable pour le sucre, on y trouve des bras qui connaissent cette culture, la plupart des plaines sont nivelées, et peuvent être arrosées; en un mot, toutes nos colonies ne sont rien auprès de Saint-Domingue, et l'on ne saurait trop répéter, que sans Saint-Domingue nous n'aurions jamais ni marine, ni commerce.

On a dit que si notre commerce reprenait un peu d'activité, les Anglais nous feraient la guerre; mais d'après ce principe, il faudrait renoncer à nos colonies et détruire nos vaisseaux; d'ailleurs, le gouvernement anglais, qui a besoin d'une longue paix, ne fera de long-temps une guerre d'agression; et il n'attaque pas les Américains ni les Russes, dont le commerce s'accroît tous les jours; enfin, avec six à sept mille hommes de troupes françaises, une armée noire, et une milice blanche considérable, Saint-Domingue est inattaquable.

On a toujours recommandé aux colons de ne pas publier leurs plans pour la restauration de la colonie, parce qu'il y aurait du danger!...

Du danger pour les mulâtres et leurs amis, cela est vrai, parce qu'à la première nouvelle d'une expédition les noirs sans doute arboreraient le drapeau blanc avant l'arrivée de la flotte; mais pour nous qui sommes Français et qui nous soucions peu de flatter les mulâtres, nous ne saurions trop parler de cette expédition parce que la nouvelle portée à Saint - Domingue augmenterait l'anarchie parmi les gouvernans, porterait l'espoir et la joie dans le cœur des malheureux noirs, et donnerait plus de facilité pour renverser l'aristocratie des mulâtres. Nous oserons donc en dire ici notre pensée et démontrer que cette expédition serait aussi sûre que peu coûteuse.

Malgré les crimes et les extravagances de Leclerc, qui a trompé les noirs et les blancs, les Français, quoiqu'on en dise seraient encore à Saint-Domingue sans la guerre avec l'Angleterre; et si Leclerc eût voulu écouter quelques conseils, si au lieu de rétablir l'esclavage il eût fait travailler les nègres pour un salaire; s'il se fût attaché Toussaint, au lieu de l'enlever aux noirs, s'il n'eût pas désarmé et persécuté les colons, il est démontré qu'il n'aurait eu besoin que de quatre à cinq mille soldats en employant les colons blancs qui ont de l'influence sur les noirs et dont on ne peut se passer. Si donc on veut envoyer à St.-Domingue un fou comme Leclerc, il ne faut pas y penser; mais que l'on mette à la tête de l'expédition un homme de bon sens, qui connaisse les hommes et les choses, et nous dirons sans cesse que si l'on proclame en débarquant l'abolition de l'esclavage, il n'est rien de si aisé que de reprendre Saint-Domingue, parce que les noirs décimés depuis vingt ans par de vils tyrans, éclairés par leurs malheurs, moins nombreux et plus infortunés cent fois qu'ils ne l'étaient sous Toussaint, nous accueilleraient avec joie et seraient heureux de travailler pour un salaire.

On a dit qu'il y avait à Saint-Domingue des armées de cent mille hommes : la vérité est que sur trente-cinq à quarante mille individus en état de porter les armes, il n'y en a pas plus de quinze mille, qui sont mal armés, avec des fusils sans baïonnettes; que les nègres ne se défendent que derrière des murs; qu'il n'y a pas une seule place forte à Saint-Domingue, et que trente mille noirs en plaine ne tiendraient pas contre trois mille Français; au surplus, on a la certitude qu'il n'y aurait point de combats parce qu'il serait facile d'acheter une partie des officiers de Boyer, et aussitôt que l'on aurait publié l'abolition de l'esclavage, la plupart des noirs déserteraient les drapeaux de leurs tyrans et nous formeraient une armée bien supérieure à celle des mulâtres.

On a dit qu'il faudrait quarante mille hommes pour prendre Saint-Domingue, que le climat dévorait tous les Français ; cependant il est reconnu que Saint-Domingue est beaucoup moins malsain que Cayenne et le Sénégal où tous les jours on envoie des troupes, et l'on sait qu'en arrivant à Saint-Domingue dans la saison favorable on a six mois devant soi avant de craindre les maladies ; enfin ce n'est pas quarante mille hommes qu'il nous faut, on n'en demande que quatre mille et de l'argent, et on vous répond du succès, en consultant, en employant les colons blancs, qui connaissent les mœurs des noirs et peuvent seuls les conduire.

Que l'on donne des congés à tous les colons qui servent, en leur conservant leurs places ; que l'on oblige tous les colons, au-dessous de soixante ans, d'aller à Saint-Domingue ou d'y envoyer un homme ; que l'on impose la même obligation aux femmes et aux colons de soixante ans qui ont un revenu de......, on formera ainsi un corps d'élite de trois à quatre mille hommes dont une partie sera employée comme officiers dans l'armée noire et le reste formera le noyau d'une milice blanche composée des Européens de tous les états, qui afflueront à Saint-Domingue aussitôt que notre flotte y abordera. Tout cela ne coûtera rien au gouvernement.

Que l'on envoie à la Martinique quatre à cinq mille hommes de bonnes troupes, acclimatées s'il est possible; comme il suffit de quelques bâtimens pour bloquer Saint-Domingue, on pourrait peut-être n'employer que des transports, toutefois l'armement d'une flotte royale composée de deux vaisseaux, trois frégates, deux bombardes et quelques bricks serait peu coûteux et pourrait être utile. Avant l'arrivée de la flotte on enverrait à Saint-Domingue, sous pavillon étranger, quelques agens sûrs et intelligens, et on peut affirmer qu'avec cinq cent mille francs, un million au plus, on ferait arborer le drapeau blanc dans le nord de Saint-Domingue avant le débarquement d'un seul soldat français. Aussitôt les troupes et les colons envoyés à la Martinique seraient transportés en deux jours au Cap français; on aurait bientôt organisé une armée noire commandée par des colons blancs, et avant trois mois tout serait soumis à l'autorité du roi et les travaux de l'agriculture auraient repris leur activité; enfin, si par des circonstances impossibles à prévoir la colonie n'était pas entièrement soumise avant la saison des maladies, on rembarquerait les troupes; et comme on pourrait toujours bloquer éternellement la colonie, bombarder et brûler les villes avec trois frégates et deux galiotes à bombes, dans le cas le plus défavorable les mulâtres seraient toujours à nos pieds.

D'après notre plan on n'exposerait pas les jours d'un seul soldat français, on serait comme certain du succès; il en coûterait moins pour toute cette expédition que pour les expéditions aussi dispendieuses qu'inutiles, envoyées depuis quelques années au Sénégal et à Canton chercher des Chinois et des arbres à thé; cette dépense serait presque inaperçue dans le budjet de la marine, parce que nous avons en mer trois fois plus de bâtimens qu'il n'en faut pour cette expédition, et l'on ne voudrait pas risquer un si faible effort pour reprendre Saint-Domingue! Une colonie qui procurerait à la France une balance de commerce de quatre-vingt millions, qui rapporterait quatre cents millions aux anciens propriétaires!... et un peuple aussi

nombreux que brave et puissant abandonne-
rait lâchement ses propriétés à quelques brigands mulâtres! et la France se soumettrait
honteusement aux conditions dictées par une
poignée de pirates!

S'il nous était possible de faire entendre
notre voix aux Français de toutes les classes,
de toutes les opinions, nous dirions d'abord
aux hommes en place: La patience des colons
est à bout, ils feront connaître la vérité, leurs
cris retentiront dans toute la France, ainsi
vous ne pouvez plus tergiverser, il faut prendre un parti, tenter l'expédition de Saint-
Domingue ou traiter avec les mulâtres. L'expédition telle que nous la proposons ne coûterait presque rien, le succès en est sûr, et
dans aucun cas on ne pourrait vous repro-
cher d'avoir risqué quelques millions pour
rendre au Roi une province qui vaut des
royaumes, qui procurerait à la France des
avantages incalculables; si au contraire vous
traitez avec les mulâtres, leur commerce
presque nul n'aurait bientôt plus d'objet, et
les mêmes hommes qui vous pressent de
traiter, s'en prendraient à vous de la cessa-
tion de ce commerce, on vous accuserait
d'avoir transigé avec des brigands et compro-
mis l'honneur du nom français; ainsi d'un

côté, gloire, succès peu coûteux et comme certain, reconnaissance éternelle de tous les Français ; de l'autre, reproches, accusations, désagrémens de toute espèce ; il n'y a pas à balancer.

Nous dirions aux propriétaires, surtout à ceux de l'ouest qui ne peuvent vendre leurs grains : Vos farines autrefois passaient à Saint-Domingue, quand on aura pris Saint-Domingue vos denrées trouveront un débouché, vos revenus seront doublés, et tous s'écrieraient avec nous :

Il faut reprendre Saint-Domingue.

Nous dirions aux manufacturiers : Vos manufactures languissent ; Saint-Domingue, autrefois, entretenait cent cinquante mille manufacturiers et peut encore les faire subsister, et tous s'écrieraient avec nous :

Il faut reprendre Saint-Domingue.

Nous dirions aux négocians : Vous savez que Saint-Domingue, aujourd'hui, n'est rien, et vous désavoueriez à l'unanimité, deux ou trois hommes sans mission, qui demandent un traité avec les mulâtres. Mais si la France reprenait Saint-Domingue, des milliers de navires qui pourrissent dans les ports, sillonneraient encore la mer, le commerce refleurirait, les places de Nantes,

Bordeaux, Marseille, ne seraient plus reconnaissables, et tous les habitans de nos ports et tous les négocians de France s'écrieraient avec nous :

Il faut reprendre Saint-Domingue.

Nous dirions aux amis des mœurs et de la religion : Les noirs, naturellement pieux, regrettent les ministres du culte, les mulâtres ont abjuré toute morale, toute religion, voulez-vous priver les noirs de tous les secours spirituels, les laisser sans consolation sous le joug des brigands qui les gouvernent? Non, sans doute, diraient-ils, et tous les amis des mœurs s'écrieraient avec nous :

Il faut reprendre Saint-Domingue.

Nous dirions aux hommes d'état : Notre population augmente, il nous faut des colonies; il faut donner un but, un aliment à l'activité de la jeunesse, et Saint-Domingue est un royaume. Nos matelots périssent de faim dans nos ports, bientôt nous n'en aurons plus et nos vaisseaux seront inutiles. Saint-Domingue peut encore faire subsister trente mille matelots, et tous les hommes d'état s'écrieraient avec nous :

Il faut reprendre Saint-Domingue.

Nous dirions aux amis des noirs et de l'humanité : Quatre cent mille noirs gémissent sous l'intolérable aristocratie de quelques scélérats ; ils brûlent de se jeter dans nos bras, faudra-t-il les repousser ? Non, sans doute, diraient-ils, et les vrais amis des noirs s'écrieraient avec nous.

Il faut reprendre Saint-Domingue :

Nous dirions aux hommes qui ont l'honneur d'approcher le monarque, et qui connaissent mieux que personne son amour pour ses sujets : Les noirs de Saint-Domingue sont aussi les sujets du Roi ; comme nous ils sont hommes et ils ont les mêmes droits à sa bienveillance ; pensez-vous que si le Roi connaissait la vérité, Sa Majesté pût souffrir que quatre cent mille de ses sujets noirs, fussent décimés par quelques brigands mulâtres ? Non, sans doute, diraient-ils, et ils s'écrieraient avec nous :

Il faut reprendre Saint-Domingue.

Nous dirions aux guerriers d'Austerlitz et d'Iéna : Braves soutiens de l'honneur français, vous verseriez tout votre sang, avant que l'étranger pût s'emparer de l'Alsace et de la Lorraine ; eh bien ! Saint-Domingue valait autant que plusieurs départemens, et l'on veut abandonner, sans combats, à quelques brigands, un des plus beaux fleurons de la couronne de France. Jamais, jamais, diraient-ils ; et toute l'armée s'écrierait avec nous, vive le Roi ! vive la France ! à bas les mulâtres, et reprenons Saint-Domingue !

Enfin , si l'on ne peut douter que les Français de toutes les classes désirent tous la prospérité de la France, lorsque la nation connaîtra le véritable état de Saint-Domingue, tous les Français s'écrieront avec nous :

Vive le Roi ! vive la France ! à bas les mulâtres, et reprenons Saint-Domingue !

EXTRAIT

D'UNE LETTRE DE SAINT - DOMINGUE,

ÉCRITE A M. LE CHEVALIER DE T.,

En date du 15 août 1821 (1).

———

Je vais maintenant vous donner un tableau exact de ce charmant pays, qui s'il faut en croire un grand nombre d'écrivains français est si bien administré et policé, si opulent, qu'ils n'ont pas honte de l'offrir pour modèle aux États de l'Europe; ce que j'ai à vous en dire est de la plus exacte vérité, et vous verrez combien on doit s'en rapporter à ce que quelques misérables imposteurs en racontent de si séduisant.......

Cette réunion (du Nord et de l'Ouest), loin

———

(1) Le style de cette lettre n'est pas trèsbon; mais des fautes de langage ne sauraient détruire la confiance due à un homme qui raconte ce qu'il a vu.

d'affermir la république, ne l'a rendue que plus faible, plus chancelante, et par conséquent plus aisée à renverser; la partie du nord ne lui sera jamais soumise, une série de conspirations prouve évidemment la tendance que ces deux parties ont à se séparer. L'autorité qui n'est ni crainte ni respectée, et l'esprit qui règne dans le nord, est à peu de chose près celui de la multitude dans l'Ouest et dans le Sud. La classe privilégiée ne se dissimule pas les craintes qui l'agitent, tout lui fait pressentir que cet ordre de choses est l'annonce de quelque catastrophe; de là, le défaut de confiance, le découragement chez les uns, la licence et l'anarchie chez les autres, jugez de l'état des affaires, c'est-à-dire du commerce; quant à la culture il ne faut plus en parler, celle du café se soutient médiocrement en cueillant simplement une partie de la graine que produisent les arbres débarrassés des lianes, car de nouvelles plantations il n'en faut pas parler; cependant malgré ces modiques ressources, le commerce de France séduit par le brillant tableau qu'on lui fait de ce pays ne cesse d'y faire des expéditions.....; mais il est à craindre qu'elles n'entraînent la ruine de beaucoup de spéculateurs..... Je vous assure que beaucoup des envois faits par commission ne réalisent point le tiers de leur capital, il en est même qui ne peuvent pas couvrir les frais. J'ai vu avec plaisir que les Anglais ne sont point dans la même illusion..... Mais on ne manque pas de dire qu'ils sont la cause de ces fausses opérations.

Il me reste à vous apprendre que la vanité et la forfanterie avaient fait solliciter, je ne sais où, mais toujours par la voie de Paris, l'installation d'un évêque, ce qui m'a paru incompatible avec l'existence de ce pays. On a trouvé néanmoins le moyen de satisfaire en partie à cette demande ; un évêque *in partibus*, nommé par le Saint-Siége, est annoncé six mois d'avance.... A peine a-t-il pris possession de son siége qu'il s'est vu en butte à la plus hideuse faction ; la passion et l'ignorance ont couvert ce prélat d'outrages ; l'autorité, qui eût dû les empêcher, a paru au contraire instiguer secrètement ces attentats, et s'est permis une indécence que n'éprouverait pas un simple prêtre dans le pays le plus incivilisé. Comme malgré sa constance, sa résignation, l'évêque a été forcé d'abandonner le pays pour retourner en France, sans doute il fera connaître des vérités qui contrarieront ce que plusieurs de

vos écrivains racontent de ce pays, en rela-
tant une série de calomnies et d'impostures
pour atténuer la conduite odieuse que le gouvernement a tenue envers un prince de l'é-
glise, dont la conduite n'a rien que de très-
louable; mais opposer un frein à des hommes invétérés dans le crime, nourris dans
les passions, c'est les insulter et porter at-
teinte à leur liberté; une liberté qui s'étend
jusqu'à se permettre les plus horribles attentats, sans l'interposition de l'autorité. C'est
ainsi que depuis trois semaines on est me-
nacé plusieurs fois le jour, de voir la ville in-
cendiée, sans que l'on ait jamais su ou voulu sa-
voir, qui étaient les auteurs de ces criminel-
les entreprises; il en fut de même l'année
dernière, à l'issue de l'incendie qui dévasta
il y a aujourd'hui un an la principale partie
de la ville; durant quinze jours on essaya de
brûler le reste sans que jamais on put décou-
vrir les artisans du crime.

Ce que je viens de tracer n'est qu'une faible partie de ce qu'il y aurait à raconter d'un
pays qu'on vous peint comme le siége de la
civilisation et de l'industrie; au pied duquel
certains libéraux semblent tenter de vouloir
mettre la France. Ce ne peut être que sur le
tableau que les imposteurs en ont tracé, les

importunités ou leurs clameurs indiscrètes, que le gouvernement aura pu consentir à une démarche, dont on nous parle depuis long-temps ; c'est, dit-on, des commissaires que le gouvernement Français a choisis, pour venir traiter ici de l'indépendance, je ne sais à quel prix ; mais ce qu'il y a de certain, que cette indépendance soit reconnue ou non, elle n'éteindra jamais les dévorantes passions des hommes de ce pays, et l'attachement réciproque entre les noirs et les jaunes (mulâtres) n'en sera pas mieux cimenté ; c'est une vérité trop évidente. Je souhaite, mais je ne puis espérer, que la France puisse retirer le moindre avantage de la renonciation qu'on la dit disposée à faire de ses droits sur ce pays. Je prévois au contraire que malgré ce grand sacrifice elle n'aura qu'un repentir inutile, si ce qu'elle a proposé est accueilli ; si cela ne l'est pas, sa démarche sera très-humiliante.... »

La lettre que l'on vient de lire confirme ce que nous avons dit, qu'il serait aisé de reprendre cette colonie. Nous ajouterons qu'il ne serait pas plus difficile de donner au Roi des mines aussi précieuses que celles du Pérou. Buonaparte a envoyé visiter ces mines, et n'attendait pour les exploiter que la paix avec les Anglais.

IMPRIMERIE DE DAVID, RUE POT-DE-FER (F.-S.-G.).